하늘과 바람과 별과 詩

PINSON HALL

연세대학교 윤동주기념사업회

윤동주
하늘과 바람과 별과 詩 : 윤동주 자선시집

2020년 1월 20일 초판 발행

기획 : 연세대학교 윤동주기념사업회
김성연·정명교·조강석
주소 : 서울 서대문구 연세로 50 핀슨관(연세대학교 윤동주기념관)
이메일 : info.museum.dongju@yonsei.ac.kr

펴낸곳 : 연세대학교 대학출판문화원
등록 : 1955년 10월 13일 제9-60호
주소 : 서울 서대문구 연세로 50
전화 : 82-2-2123-3380~2 / 전송 : 82-2-2123-8675
홈페이지 : http://press.yonsei.ac.kr
디자인 : 워크룸 프레스
사진 : 김경태

ISBN. 978-89-6850-381-8 (03810)
15,000원

핀슨관 © 김경태

일러두기

1. 이 책의 저본은 다음과 같다.

현대어
정현종 외 편주, 『하늘과 바람과 별과 詩 — 원본 대조 윤동주 전집』,
연세대학교 출판부, 2012.

육필원고
윤동주 자선시집 육필원고 『하늘과 바람과 별과 詩』(1941)
윤동주 산문 육필원고 (c.1938-1941)

2. 이 책의 앞 부분은 현대 한국어 읽기 방식대로 왼쪽에서 오른쪽으로, 뒷 부분은 윤동주 시인의 원고 작성 방향대로 오른쪽에서 왼쪽으로 전개된다.

하늘과 바람과 별과 시(詩)

산문(散文)

간행사

시인 윤동주는 1917년 12월 30일 북간도에서 태어나 1945년 2월 16일 일본 후쿠오카 형무소에서 만 27세의 젊은 나이로 생을 마감했습니다. 이 짧은 생애 동안 그가 남긴 주옥같은 시편들은 대부분 연세대학교의 전신인 연희전문학교 시절에 탄생했습니다. 윤동주는 1938년 연희전문학교에 입학하여 그의 시어처럼 '새로운 길'을 걷기 시작했고 그의 시 세계는 비로소 열매를 맺게 됩니다. 언어마저 통제되던 식민지 말기에 연희전문학교는 진리와 자유를 누릴 수 있는 울타리가 되어주었던 것입니다. 기독교 인문정신을 기반으로 하는 미션스쿨 연희전문학교는 역사와 언어를 지켜내는 국학의 전당이면서 동시에 세계의 문화에 접촉하는 접경지였습니다. 윤동주가 이곳에서 만난 스승과 친우들은 그의 시 세계의 중요한 자양분이었고, 훗날 이들은 우리가 오늘날 '시인' 윤동주를 만날 수 있도록 해주는 데 중요한 역할을 하게 됩니다.

윤동주는 연희전문학교 기숙사 건물인 핀슨관에서 생활하며 '연전 윤동주'라는 이름으로 주요 일간지에 시를 발표했습니다. 그는 자신의 시 중에서 19편을 엄선하여 졸업 기념 시집으로 엮어 냈지만, 한글 출판 자체가 위험하던 식민지 말기 상황 속에서 이 꿈은 실현되지 못했습니다. 이에 윤동주는 손수 자선시집 필사본 세 부를 만들어 이 가운데 두 부를 스승 이양하와 후배 정병욱에게 전하고, 한 부는 자신이 간직했습니다. 그중 정병욱이 어렵게 지켜낸 한 부만이 남아 우리에게 전해지게 되었습니다.

이후 시인의 유족은 이 자선시집을 포함한 윤동주의 유고와 유품, 그리고 그를 기려온 여러 문화적 산물들을 모아 2013년 시인의 모교인 연세대학교에 기증해주셨습니다. 일찍이 1968년 윤동주 시인의 시비를 세우고 2000년 윤동주기념사업회를 발족시켰던 연세대학교는, 이 뜻깊은 기증을 계기로 귀중한 유산을 보존하면서도 현재적 의미로 새롭게 갱신하는 중요한 역할을 담당하게 되었습니다. 뜻을 함께하는 동문들과 2018년에 핀슨관 앞에 윤동주 문학동산을 조성했고, 2020년에는 그의 시 정신을 아끼는 동문의 후원으로 핀슨관에 윤동주기념관을 건립하게 되었습니다.

시인의 육필원고와 핀슨관은 이제 각각 등록문화재 712호와 770호가 되어 80여 년 만에 이곳 윤동주기념관에서 재회하게 되었습니다. 기념관은 그가 남긴 유무형 문화유산의 보존과 전시, 연구와 교육, 축적과 확산의 기능을 하는 살아있는 문화 공간으로 조성되었습니다. 이 모든 일은 시인의 유족과 연세인, 나아가 윤동주의 시에 담긴 순정한 정신을 사랑하는 국내외 여러 분들의 염원과 노력으로 실현될 수 있었습니다.

이제 연세대학교는 윤동주기념관 개관을 기념하여 한 권의 시집을 발간합니다. 시인 윤동주가 졸업 기념으로 출판하고자 했던 자선시집의 모습 그대로 선보여 뒤늦게나마 그의 소망을 실현하고자 합니다. 이 시집의 앞쪽은 윤동주의 시를 쉽게 이해할 수 있도록 현대어로 수록했습니다. 시집의 뒷면에서부터는 그가 겪어냈던 시대를 더 생생하게 느낄 수 있도록 육필원고를 그대로 담았습니다. 연세대학교는 한 청년이 힘주어 지켜낸 생명의 가치와 순결한 정신, 신앙적 성숙, 그리고 성찰과 실천의 자세를 계승할 것입니다.

새로운 길을 나서서 뜻을 펼치는 모든 이들에게 이 시집이 의미 있는 이정표가 되길 기원합니다.

2020년 2월

연세대학교 총장

윤동주기념사업회 회장

서승환

서문

최초의 계획 그대로 시집을 만드는 사연과 그 의미

우리는 여기에, 윤동주가 연희전문을 졸업하면서 계획했으나 포기했던 시집을 원래대로 되살리고, 거기에 그가 연희전문 시절에 쓴 산문 세 편을 보태서, 한 권의 책으로 만들어 내놓기로 한다. 요컨대 이 시집은 1941년에 피었던 윤동주의 소망을 마침내 이루고자 하는 의지를 받들어 제작된 것이다. 이 시집의 의미는 무엇인가? 그는 왜 출간을 포기할 수밖에 없었을까? 이 시집을 마침내 출간한다는 것은 무엇을 뜻하는 것일까? 이런 물음들에 대답하기 위해서 우린 썩 긴 사연을 되짚어야만 한다.

윤동주는 1938년 4월 9일 연희전문에 입학하고 1941년 12월 27일 졸업하였다. 이 4년간은 그의 사유와 시심이 "능금처럼 저절로 익어" 간 시절이었다. 유년시절부터 다듬어졌던 그의 구도적 생활은 연희전문에 와서 온전히 여물었다. 무엇보다도 그는 자신이 배운 것을 맹목적으로 따르지 않고 자신의 삶에서 일일이 확인하고자 하였다. 그러한 자세 속에서 그는 예수 그리스도의 순교가 자신에게는 허락되지 않는 일에 대해 고뇌하였고(「십자가」), "한 점 부끄럼이 없기를" "잎새에 이는 바람에도 / 괴로워했다"(「서시」. 1941.11.20.) 그런 결곡한 자세는 좋은 친구들과 훌륭한 스승들을 만남으로써 활발한 지적 활동으로 이어졌다. 어릴 적부터 줄곧 동행해 온 고종사촌 송몽규를 비롯, 강처중 등과 함께 그는 학보『문우』를 발간하였고, 자신이 쓴 시를 후배 정병욱을 포함한 친구들에게 읽히고 의견을 듣고 하였다. 그렇게 해서 쓴 시가 대략 41편(동시 5편)이며 산문이 3편이다. 지금까지 발견된 그의 시 119편, 산문 4편 중, 연희전문 이전에 쓴 시들의 상당수가 '동시'이거나 스스로 '습작'이라고 분류한 것들이라는 점에 비추어보면, 실질적으로 그의 창작은 연희전문 시절에 집중적으로 농밀하게 이루어진 것임을 알 수 있다. 그래서『윤동주 평전』의 작가 송우혜는 연희전문 시절을 "그의 삶에서 '가장 풍요로웠던 시기, 가장 자유로웠던 시기' 였다고 정의될 수 있"다고 하였다.

윤동주는 이 시절에 쓴 시 18편을 간추리고 그 앞에「서시」를 덧붙여『하늘과 바람과 별과 시』라는 제목으로 시집을 내고자 하였다. 일종의 졸업 작품이었다. 그런데 스승인 이양하 교수가 일제의 검열을 걱정하여 출판을 보류할 것을 권하였다. 그는 시집 출간을 포기하는 대신 자필로 세 부를 만들어, 한 권은 이양하 선생에게 다른 한 부는 정병욱에게 주었으며, 나머지 하나는 자신이 가졌다. 정병욱의 추정에 의하면 그는 직후에 쓴 시 「간」(1941.11.20)에 시집 포기에 대한 울분을 담았으며, 그리고 일본 대학으로의 유학을 위해 불가피하게 받아들여야만 했던 '창씨(創氏)'에 대한 속죄의 마음을 담아 「참회록」(1942.1.24.)을 썼다. 그는 「간」의 마지막 세 행을

> 프로메테우스 불쌍한 프로메테우스
> 불 도적한 죄로 목에 맷돌을 달고
> 끝없이 침전하는 프로메테우스.

라고 적었다. 일제의 감시 뒤로 숨을 수밖에 없는 자신의 처지에, 그러나 그 안에서 새 세계를 꿈꾸기를 마다하지 말아야 한다는 자신의 결의를 담아, "목에 맷돌을 달고 / 끝없이 침전하는 프로메테우스"를 그렸다고 읽을 수 있다.

1942년 봄에 그는 도일하였다. 처음 동경의 릿쿄(立教)대학에 입학하였다가 가을에 교토의 도시샤(同志社)대학으로 옮겼다. 그리고 다음 해 7월 14일 '독립운동 협의'로 시모가모 경찰서에 검거되었다(송몽규는 10일 검거되었다). 그리고 44년 3월 31일 "징역 2년"이 언도되어 후쿠오카(福岡)형무소에 투옥되었다. 그는 형무소에서 "매일 같이 이름 모를 주사를 맞았으며"(송몽규의 증언), 다음 해, 1945년 2월 16일 사망하였다. 그의 시신을 부친과 당숙이 인수하여 화장 후, 유골을 3월 6일 고향 "용정의 동산교회 묘지"에 묻었다. 그리고 같은 해 "단오 무렵, 윤동주 묘소에 '시인

윤동주지묘(詩人尹東柱之墓)'라는 비석을 가족들이 세"웠다.

한편, 윤동주로부터 자필 시고 한 부를 받았던 정병욱은 1943년 말에 학병으로 끌려가게 되었는데, 동주의 검거 소식을 알고 있었던 상황이었다. 그는 윤동주의 시고를 어머니께 맡기고 소중한 간수를 당부하였고, 그의 어머니는 받은 시 묶음을 "명주보자기로 겹겹이 싸서" 전남 광양시에 있던 본가의 마루널 아래에 비밀 장소를 파고 "그 속에 짚을 깐 다음 큰 독을 들여놓은" 뒤 그 안에 다른 귀중품들과 함께 감추어 두었다. 그렇게 정성스레 보관한 덕분에 해방이 되고 정병욱이 돌아왔을 때 그는 선배 윤동주가 맡겼던 시고를 온전한 상태로 돌려받을 수 있었다. 그것이 이제는 죽고 없는 시인이 남긴 유일한 시집 원고가 되었다.

이렇게 보관된 윤동주의 원고는 그의 친구 강처중이 1947년 2월 『경향신문』에 윤동주가 일본 유학 시절에 쓴 시, 「쉽게 씌어진 시」를 소개한 걸 계기로 출판의 계기를 맞게 된다. 이 일은 아주 놀랍고도 특별한 사건이었다. 윤동주의 시를 소개하면서 "『경향신문』 주간이자 당대의 대시인인 정지용의 소개문을 붙였"던 것이다. "당시 여건으로 보아 무명의 시인이 세상에 등장하는 형식으로는 최상이었던 셈이다."

윤동주의 가족들은 '시인윤동주지묘'라는 비석을 세웠지만, 공식적으로 윤동주가 등단의 절차를 밟은 적은 없었다. '등단 절차'라는 것은 기이한 한국적 특수성이 야기한 관행이지만, 실제 강력한 기준으로 작용해 왔으며, 오늘날까지도 그 위세는 거의 변하지 않았다. 가족의 행동은 윤동주의 좌절된 소망을 사적으로 충족하는 행위일 수 있었다. 그런데 정지용의 '소개문'은 그런 가족의 행위를 공적으로 인준하는 절차가 된 것이다.

이것이 어떻게 가능했을까? 정지용은 윤동주를 소개하는 기사에서 이렇게 썼다.

> 일황 항복하던 해 이월 이십육일[='십육일'의 착오-인용자]에 일제 최악 발악기에 '불령선인'이라는 명목으로 꽃과 같은 시인을 암살하고 저이도 망했다. 시인 윤동주의 유골은 용정동 묘지에 묻히고 그의 비통한 시 십여 편은 내게 있다. 지면이 있는 대로 연달아 발표하기에 윤군보다도 내가 자랑스럽다.

정지용의 소개문에는 무명 시인을 소개하는 데 있어서 지나치다 싶을 정도의 감격이 스며 있다. 일제의 죄악을 통째로 윤동주의 시를 통해서 보상하려는 욕망이 꽤 절박한 정도로 작동하고 있는 듯이 보인다.

실로 여기에는 해방 후 한국문학의 존재이유라는 의미심장한 질문이 개입되어 있다. 풀이해보자. 1940년대에 일제에 의한 식민지 상황은 30년이 지나고 있었다. 게다가 일본이 패망하리라는 조짐을 한반도의 조선인들은 짐작조차 못하고 있었다. 그래서 함석헌 선생은 해방을 일컬어 "도둑같이 왔다"고 했던 것이다. 한편 일제는 세계대전을 도발한 상황에서 자원의 대규모 동원을 필요로 했기 대문에 접령 정책을 강화하고 있었다. 그 동원은 단순히 물리

적인 것에 그친 것이 아니라 정신적 획일화도 동반하고 있었다. 그런 기세의 일환으로 1940년대에 한반도에서는 조선어 사용이 금지되었고, 모든 장소에서 일본어를 사용할 것이 강요되었다. 이런 정황은 한반도의 문학인들에게 이중 삼중의 예속 속에 갇히게 하였으니, 일본의 정치적 행보에 협력하도록 압박당했을 뿐만 아니라 일본어로써만 문학 작품을 써야만 했던 것이다.

그랬는데 1945년에 일본이 세계대전에서 패망한 것이다. 한국은 독립하였고 한국의 지도자급 인사들에게는 해방 조국을 새롭게 건설해야 할 과제가 주어졌다. 일본은 더 이상 한국의 '본국'이 아니었고, 당연히 모방해야 할 근대국가의 모델도 아니었다. 더 나아가 일본어는 패망의 순간 '보편어'의 지위를 상실하였다. 해방과 더불어 날 것 그대로의 '조국'이 한국인들에게 주어졌던 것과 마찬가지로 한국의 문학인들에게 한국어 문자, 즉 한글이 진정한 표현 매체로 '돌아온' 것이었다. 그런데 해방 공간의 문학인들로서는 그들에게 던져진 새로운 세계를 감당할 자격과 능력을 확신할 수가 없었다. 긴 식민지 상황 속에서 예속과 통합이 깊숙하게 전개된 까닭이었다. 그런 엄혹한 상황에 대해 누군가는 저항하고 있지 않았을까? 저마다의 방식으로 독립된 나라를 위한 준비를 하고 있지는 않았을까?

한국인들에게 해방 조국을 감당할 만한 능력과 자격이 있음을 스스로 납득할 만한 증거가 절실히 필요했던 것이다. 1940년대 초에 등단했지만 일제의 조선어 말살 정책으로 인해 발표의 기회를 얻지 못하고, 또한 일본어로 쓰는 것을 거부하는 마음을 간직한

채, 발표와 관계없이 자발적으로 유폐된 골방에서 한글로 된 시를 탁마한 세 명의 젊은 시인들이 '청록파'라는 이름으로 묶여 해방 문단에 화려하게 등장한 것은 그런 사정에 기인한 것이었다.

일제에 의해 희생당한 윤동주에게도 똑같은 논리가 작용했다고 할 수 있다. 윤동주는 독립운동을 한 혐의로 체포되었고 '생체실험'을 당했다고 짐작할 만한 정황 속에서 숨졌다. 그런데 그가 남긴 것이 있었으니, 바로 한글로 씌어진 시와 산문이었다. 이 글들은 윤동주의 희생이 무언가를 만들어내고 있었다는 사실을 확신케 하는 물증들이었다.

일급 평론가 백철이 "한국 신문학사를 서술"할 때 "일제 말기의 […] 1941년 이후 5년 간을 '암흑기'라고 부른 데 대해" "어느 젊은 작가가 불만[을 표시하면서] 시인 윤동주가 있기 때문에 그렇게 이름을 붙일 수가 없다는 것"이라고 까닭을 달고는 "차라리 레지스탕스 시기라고 말할 수 있지 않겠느냐"는 의견을 피력했다는 것이나, 정병욱이 "독재와 억압의 도가니 속에서 가냘픈 육신에 의지한 항거의 정신, 아니 인간으로서의 처음이자 마지막의 권리이며 재산인 자유를 지키고자 죽음을 걸고 싸운 레지스탕스의 문학이 어찌 유럽의 지성인들에게만 허락된 특권일 수 있었으랴"라고 반문하면서, "'잎새에 이는 바람에도 괴로워'하던 동주의 시혼은 '파아란 하늘'에서 독재와 억압의 거센 '바람에 스치우'며 조국과 자유를 밤새워 지키는 '별'을 노래하였다"고 단언한 것은 모두 비슷한 맥락에서 비슷한 소망을 담고 표출된 것이었다고 할 수 있다.

당대의 스승 격 시인인 정지용의 『경향신문』 소개와 1948년

첫 시집에 쓴 '서문'은 그러한 소망을 공식적으로 확증하는 절차가 되었고, 지인들의 지속적이고도 정성어린 추모 행사들은 그런 확증 행위를 보통의 독자들에게도 넓혀 나가는 계기가 되었다.

이럼으로써 윤동주는 곧바로 한국문학사의 가장 뚜렷한 사건으로 등록되게 되었다. 그러나 이런 정황적 여건만으로 그의 문학적 위상을 보증할 수는 결코 없다. 무엇보다도 그가 남긴 시편들이 완미한 형식을 갖추고 절실한 의미를 전할 수 있었기에 독자들이 깊이 공감하고 평자들의 평가가 드높아짐으로써 한국인 모두에게 널리 퍼져나갈 수 있었던 것이다. 윤동주 시의 그러한 품격을 두고 정지용은 "내가 시인 윤동주를 몰랐기로소니 윤동주의 시가 바로 '시'고 보면 그만 아니냐? [···] 그의 '시'로써 그의 '시인'됨을 알기는 어렵지 않은 일이다"라고 언급하고는 그의 시인됨을 가리켜 "동(冬) 섣달의 꽃, 얼음 아래 다시 한 마리 잉어(鯉角)"라고 하였다. 윤동주의 연희전문 동기인 김삼불이 1947년 2월 16일 윤동주의 2주기 추모회에서 "윤동주 시의 우수성에 대해 학문적으로 연구한" 내용을 "발표"한 것도 윤동주 시의 시적 가치를 밝힘으로써 그를 문학의 성좌 안에 확정짓기 위한 절차였다고 할 수 있다.

결국 한국문학에서의 윤동주의 위상뿐만이 아니라 윤동주의 삶의 의의 그 자체가 그의 문학을 샘으로 해서 솟아났다고 할 수 있다. 우리가 윤동주를 말하거나 생각할 때 항상 그의 시를 통해서 그렇게 하는 것은 그 때문이다. 그의 시 편편은, 순정한 삶을 향한 그의 구도적 자세로부터 조선의 비극적 상황과 일제의 폭력에 대한 비판적 인식과 저항의지에 이르기까지, 더 나아가 그의 순교

자적 운명까지 아울러, 그의 생의 세목들이 남긴 의미의 큰 수원을 가리키는 한 모금의 암시들로 발갛게 빛난다. 독자는 그 한 모금을 머금고 굴리면서 한 조각의 언어로부터 충만한 삶 하나가 쑥쑥 자라나는 것을 입 안 가득 느끼게 될 것이다.

이제 우리는 오늘의 시집이 발간되는 까닭을 충분히 짐작할 수 있다. 우선 이 시집은 윤동주 시인이 최초로 계획했던 그대로 복원함으로써 윤동주 문학의 묘상(錨床)을 보여준다. 이를 통해 독자는 윤동주 시가 탄생하는 과정 자체를 온전히 느껴 볼 수 있을 것이다. 다음, 이 시집은 윤동주가 생전에 이루지 못한 꿈을 성취함으로써 불우한 시인의 넋을 달래는 추념의 일상적 장소가 될 수 있다. 독자는 타인의 운명과 자신의 삶을 이어봄으로써 산다는 것의 웅숭깊은 뜻을 되새길 수 있을 것이다. 마지막으로 이 시집은 무엇보다도 다른 생을 향한 모험을 시험해보는 계기가 될 수도 있을 것이다. 스스로 기도(企圖)하지 않았음에도 불구하고 '불온'의 위험에 처할 수 있다는 것은 전면적 진실을 추구하는 문학이 감내해야 할 불가피한 숙명과도 같은 것이다. 문학은 그 위험을 기꺼이 수락한 대가로 어떤 인간적 활동으로도 다다르지 못하는 인간의 근원적인 본성과 삶의 불가해한 진실에 근접하고, 또 그런 일을 행하면서 누리는 절대적 자유의 감각을 결코 마멸되지 않는 영원한 기억으로 간직하게 되는 것이다.

실로 윤동주의 시를 읽어 보면 노골적인 저항적 주제라든가 현실 비판 의식이 두드러지지는 않는다. 그럼에도 불구하고 독자가 그의 시로부터 현실의 부당한 폭력과 그에 대해 맞서는 순수의 항

거를 강렬하게 느낀다면, 바로 그의 시가 방금 말한 문학 존재론의 근본성에 닿아 있기 때문일 것이다. 그 점에서 그의 시는 모든 문학적 투기(投企)의 모본(母本)을 제공한다고도 할 수 있다. 이 시집은 그 모본의 최초의 형상에 해당한다. 이 시집이 윤동주 문학의 감동을 생생히 느끼고자 하는 사람들에게, 찬물에 세수할 적의 느낌과도 같은 서늘한 안내자가 될 수 있으리라 확신하는 까닭이다.

정명교

연세대 국어국문학과 교수

핀슨관 창문 ⓒ김경태

1941년 11월 20일

서시

죽는 날까지 하늘을 우러러
한점 부끄럼이 없기를,
잎새에 이는 바람에도
나는 괴로워했다.
별을 노래하는 마음으로
모든 죽어가는 것을 사랑해야지
그리고 나한테 주어진 길을
걸어가야겠다.

오늘밤에도 별이 바람에 스치운다.

1939년 9월

자화상

산모퉁이를 돌아 논가 외딴 우물을 홀로
찾아가선 가만히 들여다봅니다.

우물 속에는 달이 밝고 구름이 흐르고
하늘이 펼치고 파아란 바람이 불고 가을이 있습니다.

그리고 한 사나이가 있습니다.
어쩐지 그 사나이가 미워져 돌아갑니다.

돌아가다 생각하니 그 사나이가 가엾어집니다. 도로 가 들여
다보니 사나이는 그대로 있습니다.

다시 그 사나이가 미워져 돌아갑니다.
돌아가다 생각하니 그 사나이가 그리워집니다.

우물 속에는 달이 밝고 구름이 흐르고 하늘이 펼치고 파아란
바람이 불고 가을이 있고 추억처럼 사나이가 있습니다.

1939년

소년

여기저기서 단풍잎 같은 슬픈 가을이 뚝뚝 떨어진다. 단풍잎 떨어져 나온 자리마다 봄을 마련해 놓고 나뭇가지 위에 하늘이 펼쳐 있다. 가만히 하늘을 들여다보려면 눈썹에 파란 물감이 든다. 두 손으로 따뜻한 볼을 쓸어 보면 손바닥에도 파란 물감이 묻어난다. 다시 손바닥을 들여다본다. 손금에는 맑은 강물이 흐르고, 맑은 강물이 흐르고, 강물 속에는 사랑처럼 슬픈 얼굴── 아름다운 순이의 얼굴이 어린다. 소년은 황홀히 눈을 감아 본다. 그래도 맑은 강물은 흘러 사랑처럼 슬픈 얼굴── 아름다운 순이의 얼굴은 어린다.

1941년 3월 12일

눈오는 지도

순이가 떠난다는 아침에 말못할 마음으로 함박눈이 나려, 슬픈 것처럼 창밖에 아득히 깔린 지도 위에 덮힌다.
방안을 돌아다보아야 아무도 없다. 벽과 천정이 하얗다. 방안에까지 눈이 나리는 것일까, 정말 너는 잃어버린 역사처럼 홀홀이 가는 것이냐, 떠나기 전에 일러둘 말이 있던 것을 편지를 써서도 네가 가는 곳을 몰라 어느 거리, 어느 마을, 어느 지붕 밑, 너는 내 마음 속에만 남아 있는 것이냐, 네 쪼고만 발자욱을 눈이 자꾸 나려 덮혀 따라갈 수도 없다. 눈이 녹으면 남은 발자욱 자리마다 꽃이 피리니 꽃 사이로 발자욱을 찾아 나서면 일년 열두 달 하냥 내 마음에는 눈이 나리리라.

1941년 6월

돌아와 보는 밤

세상으로부터 돌아오듯이 이제 내 좁은 방에 돌아와 불을 끄옵니다. 불을 켜두는 것은 너무나 피로롭은 일이옵니다. 그것은 낮의 연장이옵기에——

이제 창을 열어 공기를 바꾸어 들여야 할 텐데 밖을 가만히 내다보아야 방안과 같이 어두워 꼭 세상 같은데 비를 맞고 오던 길이 그대로 비속에 젖어 있사옵니다.

하루의 울분을 씻을 바 없어 가만히 눈을 감으면 마음 속으로 흐르는 소리, 이제 사상이 능금처럼 저절로 익어 가옵니다.

1940년 12월

병 원

살구나무 그늘로 얼굴을 가리고, 병원 뒷뜰에 누워, 젊은 여자가 흰옷 아래로 하얀 다리를 드러내 놓고 일광욕을 한다. 한나절이 기울도록 가슴을 앓는다는 이 여자를 찾아오는 이, 나비 한 마리도 없다. 슬프지도 않은 살구나무가지에는 바람조차 없다.

나도 모를 아픔을 오래 참다 처음으로 이곳에 찾아왔다. 그러나 나의 늙은 의사는 젊은이의 병을 모른다. 나한테는 병이 없다고 한다. 이 지나친 시련, 이 지나친 피로, 나는 성내서는 안 된다.

여자는 자리에서 일어나 옷깃을 여미고 화단에서 금잔화 한 포기를 따 가슴에 꽂고 병실 안으로 사라진다. 나는 그 여자의 건강이— 아니 내 건강도 속히 회복되기를 바라며 그가 누웠던 자리에 누워본다.

1938년 5월 10일

새로운 길

내를 건너서 숲으로
고개를 넘어서 마을로

어제도 가고 오늘도 갈
나의 길 새로운 길

민들레가 피고 까치가 날고
아가씨가 지나고 바람이 일고

나의 길은 언제나 새로운 길
오늘도…… 내일도……

내를 건너서 숲으로
고개를 넘어서 마을로

간판 없는 거리

정거장 플랫폼에
내렸을 때 아무도 없어

다들 손님들뿐
손님 같은 사람들뿐

집집마다 간판이 없어
집 찾을 근심이 없어

빨갛게
파랗게
불붙는 문자도 없이

모퉁이마다
자애로운 헌 와사등에
불을 켜놓고

1941년

손목을 잡으면
다들, 어진 사람들
다들, 어진 사람들

봄, 여름, 가을, 겨울,
순서로 돌아들고

태초의 아침

봄날 아침도 아니고
여름, 가을, 겨울,
그런 날 아침도 아닌 아침에

빨—간 꽃이 피어났네
햇빛이 푸른데

그 전날 밤에
그 전날 밤에
모든 것이 마련되었네

사랑은 뱀과 함께
독은 어린 꽃과 함께

1941년 5월 31일

또 태초의 아침

하얗게 눈이 덮이었고
전신주가 잉잉 울어
하나님 말씀이 들려온다.

무슨 계시일까.

빨리
봄이 오면
죄를 짓고
눈이
밝아

이브가 해산하는 수고를 다하면

무화과 잎사귀로 부끄런 데를 가리고

나는 이마에 땀을 흘려야겠다.

1941년 5월

새벽이 올 때까지

다들 죽어가는 사람들에게
검은 옷을 입히시오.

다들 살아가는 사람들에게
흰 옷을 입히시오.

그리고 한 침대에
가지런히 잠을 재우시오.

다들 울거들랑
젖을 먹이시오.

이제 새벽이 오면
나팔소리 들려올 게외다.

1941년 2월 7일

무서운 시간

거 나를 부르는 것이 누구요

가랑잎 이파리 푸르러 나오는 그늘인데
나 아직 여기 호흡이 남아 있소.

한번도 손들어 보지 못한 나를
손들어 표할 하늘도 없는 나를

어디에 내 한몸 둘 하늘이 있어
나를 부르는 것이오.

일이 마치고 내 죽는 날 아침에는
서럽지도 않은 가랑잎이 떨어질 텐데……

나를 부르지 마오.

1941년 5월 31일

십자가

쫓아오던 햇빛인데
지금 교회당 꼭대기
십자가에 걸리었습니다.

첨탑이 저렇게도 높은데
어떻게 올라갈 수 있을까요.

종소리도 들려오지 않는데
휘파람이나 불며 서성거리다가

괴로웠던 사나이
행복한 예수·그리스도에게
처럼
십자가가 허락된다면

모가지를 드리우고
꽃처럼 피어나는 피를
어두워 가는 하늘밑에
조용히 흘리겠습니다.

1941년 6월 2일

바람이 불어

바람이 어디로부터 불어와
어디로 불려가는 것일까

바람이 부는데
내 괴로움에는 이유가 없다

내 괴로움에는 이유가 없을까

단 한 여자를 사랑한 일도 없다
시대를 슬퍼한 일도 없다

바람이 자꾸 부는데
내 발이 반석 위에 섰다

강물이 자꾸 흐르는데
내 발이 언덕 위에 섰다

1938년 9월

슬픈 족속

흰 수건이 검은 머리를 두르고
흰 고무신이 거친 발에 걸리우다.

흰 저고리 치마가 슬픈 몸집을 가리고
흰 띠가 가는 허리를 질끈 동이다.

1941년 5월 31일

눈 감고 간다

태양을 사모하는 아이들아
별을 사랑하는 아이들아

밤이 어두웠는데
눈감고 가거라.

가진 바 씨앗을
뿌리면서 가거라.

발뿌리에 돌이 채이거든
감았던 눈을 왓작 떠라.

또 다른 고향

고향에 돌아온 날 밤에
내 백골이 따라와 한 방에 누웠다.

어둔 방은 우주로 통하고
하늘에선가 소리처럼 바람이 불어온다.

어둠 속에 곱게 풍화작용하는
백골을 들여다보며
눈물짓는 것이 내가 우는 것이냐
백골이 우는 것이냐
아름다운 혼이 우는 것이냐

지조 높은 개는
밤을 새워 어둠을 짖는다.

어둠을 짖는 개는
나를 쫓는 것일 게다.

1941년 9월

가자 가자
쫓기우는 사람처럼 가자.
백골 몰래
아름다운 또 다른 고향에 가자.

길

잃어 버렸습니다.
무얼 어디다 잃었는지 몰라
두 손이 주머니를 더듬어
길에 나아갑니다.

돌과 돌과 돌이 끝없이 연달아
길은 돌담을 끼고 갑니다.

담은 쇠문을 굳게 닫아
길 위에 긴 그림자를 드리우고

길은 아침에서 저녁으로
저녁에서 아침으로 통했습니다.

돌담을 더듬어 눈물짓다
쳐다보면 하늘은 부끄럽게 푸릅니다.

1941년 9월 31일

풀 한 포기 없는 이 길을 걷는 것은
담 저쪽에 내가 남아 있는 까닭이고

내가 사는 것은, 다만
잃은 것을 찾는 까닭입니다.

별 헤는 밤

계절이 지나가는 하늘에는
가을로 가득 차 있습니다.

나는 아무 걱정도 없이
가을 속의 별들을 다 헤일 듯합니다.

가슴 속에 하나 둘 새겨지는 별을
이제 다 못 헤는 것은
쉬이 아침이 오는 까닭이요,
내일 밤이 남은 까닭이요,
아직 나의 청춘이 다하지 않은 까닭입니다.

별 하나에 추억과
별 하나에 사랑과
별 하나에 쓸쓸함과
별 하나에 동경과
별 하나에 시와
별 하나에 어머니, 어머니,

어머님, 나는 별 하나에 아름다운 말 한마디씩 불러봅니다. 소학교때 책상을 같이 했던 아이들의 이름과, 패, 경, 옥 이런 이국소녀들의 이름과 벌써 애기 어머니 된 계집애들의 이름과, 가난한 이웃사람들의 이름과, 비둘기, 강아지, 토끼, 노새, 노루, 「프란시스 · 쟘」 「라이너 · 마리아 · 릴케」 이런 시인의 이름을 불러봅니다.

이네들은 너무나 멀리 있습니다.
별이 아슬히 멀 듯이,

어머님,
그리고 당신은 멀리 북간도에 계십니다.

나는 무엇인지 그리워
이 많은 별빛이 나린 언덕 위에
내 이름자를 써보고,
흙으로 덮어 버리었습니다.

딴은 밤을 새워 우는 벌레는
부끄러운 이름을 슬퍼하는 까닭입니다.

1941년 11월 5일

그러나 겨울이 지나고 나의 별에도 봄이 오면
무덤 위에 파란 잔디가 피어나듯이
내 이름자 묻힌 언덕 위에도
자랑처럼 풀이 무성할 게외다.

달을 쏘다

번거롭던 사위가 잠잠해지고 시계소리가 또렷하나 보니 밤은 저윽이 깊을 대로 깊은 모양이다. 보던 책자를 책상머리에 밀어 놓고 잠자리를 수습한 다음 잠옷을 걸치는 것이다.『딱』스위치 소리와 함께 전등을 끄고 창녘의 침대에 드러누우니 이때까지 밖은 휘양찬 달밤이었던 것을 감각치 못하였댔다. 이것도 밝은 전등의 혜택이었을까.

나의 누추한 방이 달빛에 잠겨 아름다운 그림이 된다는 것보담도 오히려 슬픈 선창이 되는 것이다. 창살이 이마로부터 콧마루, 입술 이렇게 하여 가슴에 여민 손등에까지 어른거려 나의 마음을 간지르는 것이다. 옆에 누운 분의 숨소리에 방은 무시무시해진다. 아이처럼 황황해지는 가슴에 눈을 치떠서 밖을 내다보니 가을 하늘은 역시 맑고 우거진 송림은 한 폭의 묵화다. 달빛은 솔가지에 솔가지에 쏟아져 바람인 양 솨—소리가 날 듯하다. 들리는 것은 시계소리와 숨소리와 귀또리 울음뿐 벅적거리던 기숙사도 절간보다 더 한층 고요한 것이 아니냐?

나는 깊은 사념에 잠기우기 한창이다. 딴은 사랑스런 아가씨를 사유할 수 있는 아름다운 상화도 좋고, 어린 적 미련을 두고 온 고향에의 향수도 좋거니와 그보담 손쉽게 표현 못할 심각한 그 무엇이 있다.

바다를 건너온 H군의 편지사연을 곰곰 생각할수록 사람과 사람 사이의 감정이란 미묘한 것이다. 감상적인 그에게도 필연코 가을은 왔나보다.

편지는 너무나 지나치지 않았던가. 그 중 한 토막,

『군아! 나는 지금 울며 울며 이 글을 쓴다. 이 밤도 달이 뜨고, 바람이 불고, 인간인 까닭에 가을이란 흙냄새도 안다. 정의 눈물 따뜻한 예술학도였던 정의 눈물도 이 밤이 마지막이다.』

또 마지막 켠으로 이런 구절이 있다.

『당신은 나를 영원히 쫓아버리는 것이 정직할 것이오.』

나는 이 글의 뉘앙스를 해득할 수 있다. 그러나 사실 나는 그에게 아픈 소리 한 마디 한 일이 없고 서러운 글 한 쪽 보낸 일이 없지 아니한가. 생각컨대 이 죄는 다만 가을에게 지워 보낼 수밖에 없다.

홍안서생으로 이런 단안을 나리는 것은 외람한 일이나 동무란 한낱 괴로운 존재요 우정이란 진정코 위태로운 잔에 떠놓은 물이다. 이 말을 반대할 자 누구랴, 그러나 지기 하나 얻기 힘든다 하거늘 알뜰한 동무하나 잃어버린다는 것이 살을 베어내는 아픔이다.

나는 나를 정원에서 발견하고 창을 넘어 나왔다든가 방문을 열고 나왔다든가 왜 나왔느냐 하는 어리석은 생각에 두뇌를 괴롭게 할 필요는 없는 것이다. 다만 귀뚜라미 울음에도 수줍어지는 코스모스 앞에 그윽히 서서 딱터 뻴링쓰의 동상 그림자처럼 슬퍼지면 그만이다. 나는 이 마음을 아무에게나 전가시킬 심보는 없다. 옷깃은 민감이어서 달빛에도 싸늘히 추워지고 가을 이슬이란 선득선득하여서 서러운 사나이의 눈물인 것이다.

발걸음은 몸뚱이를 옮겨 못가에 세워줄 때 못 속에도 역시 가을이 있고, 삼경이 있고 나무가 있고, 달이 있다.(달이 있고……)

그 찰나 가을이 원망스럽고 달이 미워진다. 더듬어 돌을 찾아 달을 향하여 죽어라고 팔매질을 하였다. 통쾌! 달은 산산히 부서지고 말았다. 그러나 놀랐던 물결이 잦아들 때 오래잖아 달은 도로 살아난 것이 아니냐, 문득 하늘을 쳐다보니 얄미운 달은 머리 위에서 빈정대는 것을——

나는 꼿꼿한 나뭇가지를 고나 띠를 째서 줄을 메워 훌륭한 활을 만들었다. 그리고 좀 탄탄한 갈대로 화살을 삼아 무사의 마음을 먹고 달을 쏘다.

— 끝 —

1938년 10월 투고, 1939년 1월『朝鮮日報』학생란 발표

별똥 떨어진 데

밤이다.

하늘은 푸르다 못해 농회색으로 캄캄하나 별들만은 또렷또렷 빛난다. 침침한 어둠뿐만 아니라 오삭오삭 춥다. 이 육중한 기류 가운데 자조하는 한 젊은이가 있다. 그를 나라고 불러두자.

나는 이 어둠에서 배태되고 이 어둠에서 생장하여서 아직도 이 어둠 속에 그대로 생존하나 보다. 이제 내가 갈 곳이 어딘지 몰라 허우적거리는 것이다. 하기는 나는 세기의 초점인 듯 초췌하다. 얼핏 생각하기에는 내 바닥을 반듯이 받들어 주는 것도 없고 그렇다고 내 머리를 갑박이 나려 누르는 아무것도 없는 듯하다마는 내막은 그렇지도 않다. 나는 도무지 자유스럽지 못하다. 다만 나는 없는 듯 있는 하루살이처럼 허공에 부유하는 한 점에 지나지 않는다. 이것이 하루살이처럼 경쾌하다면 마침 다행할 것인데 그렇지를 못하구나!

이 점의 대칭위치에 또 하나 다른 밝음의 초점이 도사리고 있는 듯 생각된다. 덥석 웅키어였으면 잡힐 듯도 하다.

만은 그것을 휘잡기에는 나 자신이 둔질이라는 것보다 오히려 내 마음에 아무런 준비도 배포치 못한 것이 아니냐. 그리고 보니 행복이란 별스런 손님을 불러들이기에도 또 다른 한 가닥 구실을 치르지 않으면 안 될까 보다.

이 밤이 나에게 있어 어린 적처럼 한낱 공포의 장막인 것은 벌써 흘러간 전설이요, 따라서 이 밤이 향락의 도가니라는 이야기도 나의 염두에선 아직 소화시키지 못할 돌덩이다. 오로지 밤은 나의 도전의 호적이면 그만이다.

이것이 생생한 관념세계에만 머무른다면 애석한 일이다. 어둠 속에 깜박깜박 조을며 다닥다닥 나란히 한 초가들이 아름다운 시의 화사가 될 수 있다는 것은 벌써 지나간 제너레이션의 이야기요, 오늘에 있어서는 다만 말 못하는 비극의 배경이다.

이제 닭이 홰를 치면서 맵짠 울음을 뽑아 밤을 쫓고 어둠을 즞내몰아 동켠으로 훠—ㄴ히 새벽이란 새로운 손님을 불러온다 하자. 하나 경망스럽게 그리 반가워할 것은 없다. 보아라 가령 새벽이 왔다 하더라도 이 마을은 그대로 암담하고 나도 그대로 암담하고 하여서 너나 나나 이 가랑지길에서 주저주저 아니치 못할 존재들이 아니냐.

나무가 있다.

그는 나의 오랜 이웃이요, 벗이다. 그렇다고 그와 내가 성격이나 환경이나 생활이 공통한 데 있어서가 아니다. 말하자면 극단과 극단 사이에도 애정이 관통할 수 있다는 기적적인 교분의 한 표본에 지나지 못할 것이다.

나는 처음 그를 퍽 불행한 존재로 가소롭게 여겼다. 그의 앞에 설 때 슬퍼지고 측은한 마음이 앞을 가리곤 하였다. 만은 오늘 돌이켜 생각컨대 나무처럼 행복한 생물은 다시없을 듯하다. 굳음에는 이루 비길 데 없는 바위에도 그리 탐탁치는 못할망정 자양분이 있다 하거늘, 어디로 간들 생의 뿌리를 박지 못하며 어디로 간들 생활의 불평이 있을소냐. 칙칙하면 솔솔 솔바람이 불어오고, 심심하면 새가 와서 노래를 부르다 가고, 촐촐하면 한줄기 비가 오고, 밤이면 수많은 별들과 오손도손 이야기할 수 있고——보다 나무는 행동의 방향이란 거추장스런 과제에 봉착하지 않고 인위적으로든 우연으로서든 탄생시켜준 자리를 지켜 무궁무진한 영양소를 흡취하고 영롱한 햇빛을 받아들여 손쉽게 생활을 영위하고 오로지 하늘만 바라고 뻗어질 수 있는 것이 무엇보다 행복스럽지 않으냐.

이 밤도 과제를 풀지 못하여 안타까운 나의 마음에 나무의 마음이 점점 옮아오는 듯하고, 행동할 수 있는 자랑을 자랑치 못함에 뼈저리는 듯하나 나의 젊은 선배의 웅변이 왈 선배도 믿지 못할 것이라니 그러면 영리한 나무에게 나의 방향을 물어야 할 것인가.

어디로 가야 하느냐, 동이 어디냐, 서가 어디냐, 남이 어디냐, 북이 어디냐, 아라! 저 별이 번쩍 흐른다. 별똥 떨어진 데가 내가 갈 곳인가 보다. 하면 별똥아! 꼭 떨어져야 할 곳에 떨어져야 한다.

화원에 꽃이 핀다

개나리, 진달래, 앉은뱅이, 라일락 민들레 찔레 복사 들장미 해당화 모란 릴리 창포 튜울립 카네이션 봉선화 백일홍 채송화 다알리아 해바라기 코스모스—— 코스모스가 홀홀히 떨어지는 날 우주의 마지막은 아닙니다. 여기에 푸른 하늘이 높아지고, 빨간 노란 단풍이 꽃에 못지 않게 가지마다 물들었다가 귀또리 울음이 끊어짐과 함께 단풍의 세계가 무너지고, 그 위에 하룻밤 사이에 소복이 흰눈이 나려, 쌓이고 화로에는 빨간 숯불이 피어오르고 많은 이야기와 많은 일이 이 화로가에서 이루어집니다.

독자제현! 여러분은 이 글이 씌어지는 때를 독특한 계절로 짐작해서는 아니 됩니다. 아니, 봄, 여름, 가을, 겨울, 어느 철로나 상정하셔도 무방합니다. 사실 일년 내내 봄일 수는 없습니다. 하나 이 화원에는 사철 내 봄이 청춘들과 함께 싱싱하게 등대하여 있다고 하면 과분한 자기선전일까요. 하나의 꽃밭 이루어지도록 손쉽게 되는 것이 아니라 고생과 노력이 있어야 하는 것입니다.

딴은 얼마의 단어를 모아 이 졸문을 지적거리는 데도 내 머리는 그렇게 명석한 것은 못 됩니다. 한 해 동안을 내 두뇌로써가 아니라 몸으로써 일일이 헤아려 겨우 몇 줄의 글이 이루어집니다. 그리하여 나에게 있어 글을 쓴다는 것이 그리 즐거운 일일 수는 없습니다. 봄바람의 고민에 짜들고, 녹음의 권태에 시들고, 가을하늘 감상에 울고, 노변의 사색에 졸다가 이 몇 줄의 글과 나의 화원과 함께 나의 일년은 이루어집니다.

시간을 먹는다는 이 말의 의의와 이 말의 묘미는 칠판 앞에서 보신 분과 칠판 밑에 앉아보신 분은 누구나 아실 것입니다. 그것은 확실히 즐거운 일임에 틀림없습니다. 하루를 휴강한다는 것보다,(하긴 슬그머니 깨먹어버리면 그만이지만) 다못 한 시간, 예습, 숙제를 못해 왔다든가, 따분하고 졸리고 한 때, 한 시간의 휴강은 진실로 살로 가는 것이어서, 만일 교수가 불편하여 못 나오셨다고 하더라도 미처 우리들의 예의를 갖출 사이가 없는 것입니다.

그러나 이것을 우리들의 망발과 시간의 낭비라고 속단하셔서 아니 됩니다. 여기에 화원이 있습니다. 한 포기 푸른 풀과 한 떨기의 붉은 꽃과 함께 웃음이 있습니다. 노―트장을 적시는 것보다, 우한충동에 무쳐 글줄과 씨름하는 것보다 더 명확한 진리를 탐구할 수 있을는지 보다 더 많은 지식을 획득할 수 있을는지 보다 더 효과적인 성과가 있을지를 누가 부인하겠습니까.

나는 이 귀한 시간을 슬그머니 동무들을 떠나서 단 혼자 화원에 거닐 수 있습니다. 단 혼자 꽃들과 풀들과 이야기할 수 있다는 것이 얼마나 다행한 일이겠습니까. 참말 나는 온정으로 이들을 대할 수 있고 그들은 웃음으로 나를 맞아줍니다. 그 웃음을 눈물로 대한다는 것은 나의 감상일까요, 고독, 정적도 확실히 아름다운 것임에 틀림이 없으나, 여기에 또 서로 마음을 주는 동무가 있는 것도 다행한 일이 아닐 수 없습니다. 우리 화원 속에 모인, 동무들 중에, 집에 학비를 청구하는 편지를 쓰는 날 저녁이면 생각하고 생각하든 끝 겨우 몇 줄 써보낸다는 A군, 기뻐해야 할 서류(통칭 월급봉투)를 받아든 손이 떨린다는 B군, 사랑을 위하여서는 밥맛을 잃고 잠을 잊어버린다는 C군, 사상적 당착에 자살을 기약한다는 D군‥‥ 나는 이 여러 동무들의 갸륵한 심정을 내 것인 것처럼 이해할 수 있습니다. 서로 너그러운 마음으로 대할 수 있습니다.

나는 세계관, 인생관, 이런 좀더 큰 문제보다 바람과 구름과 햇빛과 나무와 우정, 이런 것들에 더 많이 괴로워해 왔는지도 모르겠습니다. 단지 이 말이 나의 역설이나, 나 자신을 흐리우는 데 지날 뿐일까요.

일반은 현대 학생도덕이 부패했다고 말합니다. 스승을 섬길 줄을 모른다고들 합니다. 옳은 말씀들입니다. 부끄러울 따름입니다. 하나 이 결함을 괴로워하는 우리들 어깨에 지워 광야로 내쫓아 버려야 하나요, 우리들의 아픈 데를 알아주는 스승, 우리들의 생채기를 어루만져주는 따뜻한 세계가 있다면 박탈된 도덕일지언정 기울여 스승을 진심으로 존경하겠습니다. 온정의 거리에서 원수를 만나면 손목을 붙잡고 목놓아 울겠습니다.

세상은 해를 거듭, 포성에 떠들썩하건만 극히 조용한 가운데 우리들 동산에서 서로 융합할 수 있고 이해할 수 있고 종전의□□가 있는 것은 시세의 역효과일까요.

봄이 가고, 여름이 가고, 가을, 코스모스가 훌훌히 떨어지는 날 우주의 마지막은 아닙니다. 단풍의 세계가 있고, ——이상이견빙지(履霜而堅氷至)——서리를 밟거든 얼음이 굳어질 것을 각오하라——가 아니라, 우리는 서릿발에 끼친 낙엽을 밟으면서 멀리 봄이 올 것을 믿습니다.

노변에서 많은 일이 이루어질 것입니다.

하늘과 바람과 별과 詩

핀슨관(1928) © 연세대학교 박물관
Pinson Hall (1928) © Yonsei University Museum

하늘과 바람과 별과 詩

산문(散文)

No.

하늘과 바람과 별과 詩

— 童舟 —

鄭炳昱 兄 앞에.

尹東柱 呈.

죽는 날까지 하늘을 우르러
한점 부끄럼이 없기를,
잎새에 이는 바람에도
나는 괴로워했다.
별을 노래하는 마음으로
모든 죽어가는 것을 사랑해야지
그리고 나한테 주어진 길을
걸어가야겠다.

오늘밤에도 별이 바람에 스치운다.

1941.11.20.

7

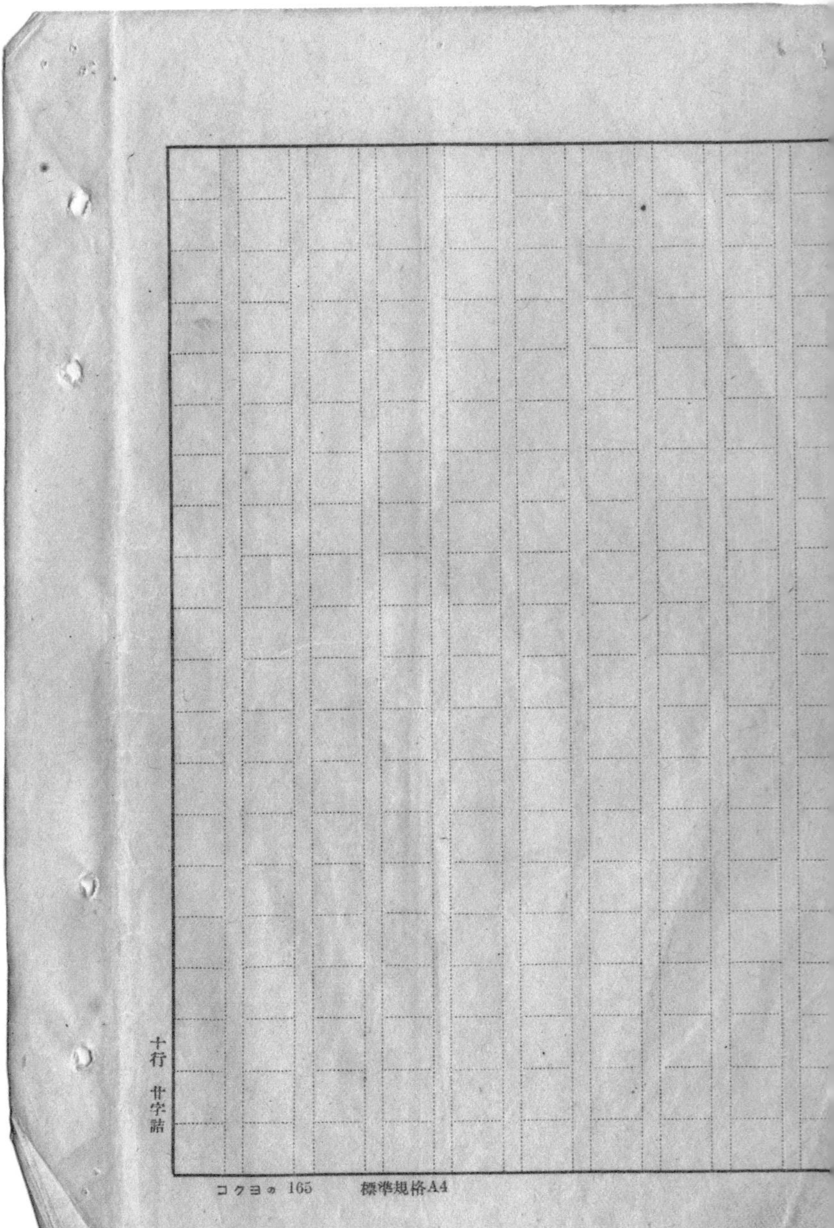

自畵像

산모퉁이를 돌아 논가 외딴우물을 홀로
찾어가선 가만히 드려다 봅니다.

우물속에는 달이 밝고 구름이 흐르고
하늘이 펼치고 파아란 바람이 불고 가
을이 있습니다.

그리고 한 사나이가 있습니다.

어쩐지 그 사나이가 미워져 돌아갑니다.

돌아가다 생각하니 그 사나이가 가엽서집니다. 도로 가 드려다 보니 사나이는 그대로 있습니다.

다시 그 사나이가 미워져 돌아갑니다.
돌아가다 생각하니 그 사나이가 그리워집니다.

9

우물속에는 달이 밝고 구름이 흐르고 하늘이 펼치고 파
아란 빠람이 불고 가을이 있고 追憶처
럼 사나이가 있습니다.

一九三九. 九.

II

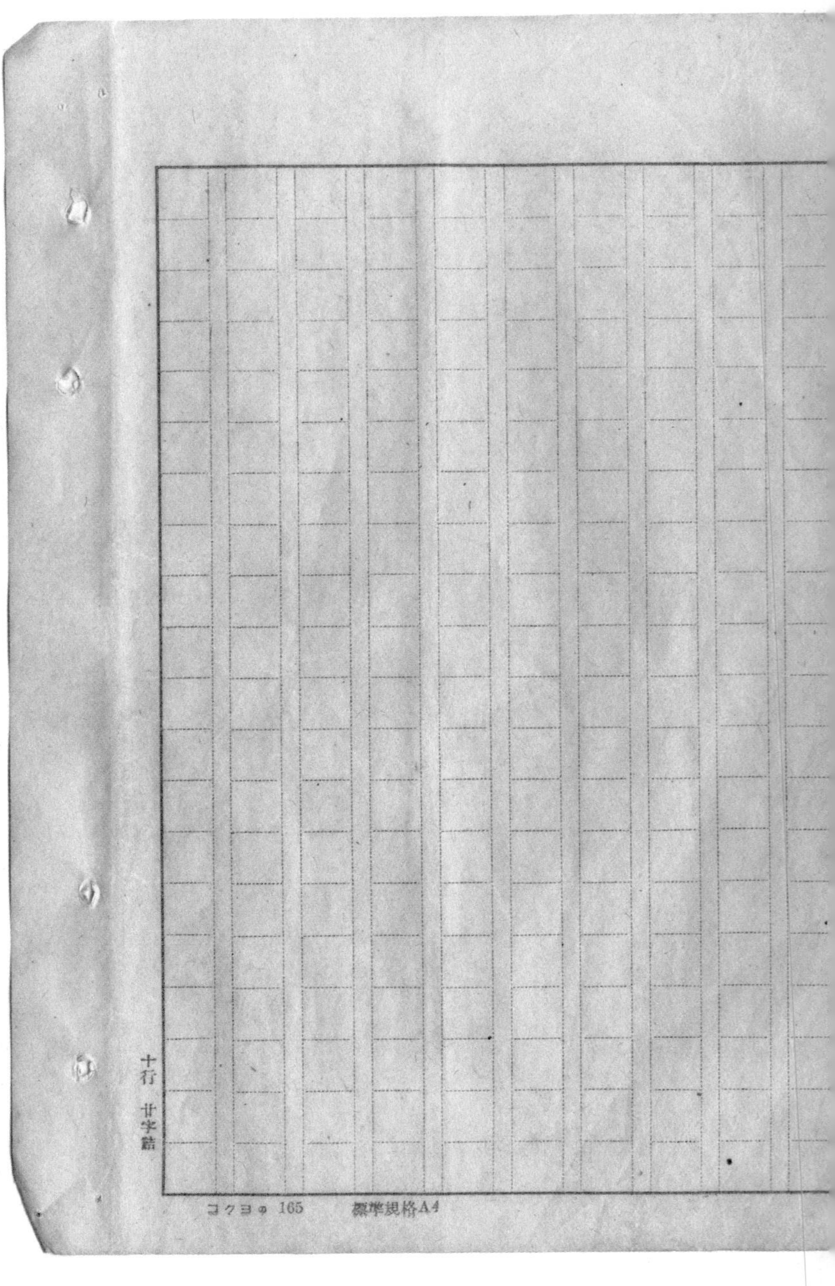

少年

여기저기서 단풍잎 같은 슬픈 가을이 뚝뚝 떨어진다. 단풍잎 떨어저 나온 자리마다 봄을 마련해 놓고 나무가지 우에 하늘이 펼처있다. 가만이 하늘을 드려다 보려면 눈섭에 파란 물감이 든다. 두손으로 따뜻한 볼을 쓰서보면 손바닥에도

드려다 본다. 손금에는 맑은 강물이 흐
르고、 맑은 강물이 흐르고、 강물속에는
사랑처럼 슬픈얼굴 — 아름다운 順伊의
얼골이 어린다。 少年은 황홀이 눈을 감
어 본다。 그래도 맑은 강물은 흘러 사
랑처럼 슬픈얼골 — 아름다운 順伊의
얼골은 어린다。

一九三九.

눈오는 地圖

順伊가 떠난다는 아침에 말못할 마음으
로 함박눈이 나려, 슬픈것처럼 窓밖에
아득히 깔린 地圖우에 덮힌다.
房안을 도라다 보아야 아무도 없다. 壁
과 天井이 하얗다. 房안에까지 눈이 나
리는 것일가, 정말 너는 잃어버린 歷史

둘말이 있든것을 편지를 써서도 네가 가는 곳을 몰라 어느 거리, 어느 마을, 어느 집웅밑, 너는 ~~떱~~내 마음속에만 남어 있는 것이냐, 네 조고만 발자욱을 눈이 작고 나려 덮혀 따라 갈수~~도~~도 없다。 눈이 녹으면 남은 발자욱 자리마다 꽃이 피리니 꽃사이로 발자욱을 찾어 나서면 一年 열두달 하냥 내 마음에는 눈이 나리리라。

一九四一、三、一二、

十行 廿字詰

돌아와 보는 밤

세상으로부터 돌아오듯이 이제 내 좁은
방에 돌아와 불을 끄옵니다. 불을 켜두
는 것은 너무나 피로롭은 일이옵니다. 그것
은 낮의 延長이옵기에 ——

이제 窓을 열어 空氣를 바꾸어 드려야

과 같이 어두어 꼭 세상 같은데 비를 맞고 오든 길이 그대로 빗속에 젖어 있사옵니다.

하로의 울분을 씻을바 없어 가만히 눈을 감으면 마음속으로 흐르는 소리, 이제, 思想이 능금처럼 저절로 익어 가옵니다.

一九四一、六、

病院

살구나무 그늘로 얼굴을 가리고, 病院뒷
뜰에 누어, 젊은 女子가 힌옷아래로 하
얀다리를 드려내놓고 日光浴을 한다.
한나절이 기울도록 가슴을 알른다는 이
女子를 찾어 오는 이, 나비 한마리도
없다. 슬프지도 않은 살구나무가지에는

나도 모를 아픔을 오래 참다 처음으로 이 곳에 찾아왔다. 그러나 나의 늙은 의사는 젊은이의 病을 모른다. 나안데는 病이 없다고 한다. 이 지나친 試鍊, 이 지나친 疲勞, 나는 성내서는 않 된다.

女子는 자리에서 일어나 옷깃을 여미고 花壇에서 金盞花 한포기를 따 가슴에 꼽고 病室안으로 살어진다. 나는 그女子

의 健康이 ── 아니 내 健康도 速히
回復되기를 바라며 그가 누엇든 자리에
누어본다。

一九四○、一二、

十行 廿字詰

コクヨ ケ 165　標準規格A4

새로운 길

내를 건너서 숲으로
고개를 넘어서 마을로

어제도 가고 오늘도 갈
나의 길 새로운 길

아가씨가 지나고 바람이 일고

나의 길은 언제나 새로운 길

오늘도…… 내일도……

내를 건너서 숲으로

고개를 넘어서 마을로

一九三八. 五. 一〇.

看板없는거리

停車場 푸랱폼에

나렸을때 아무도 없어、

다들 손님들뿐、

손님같은 사람들뿐、

집 찾을 근심이 없어
빨가케 파라케 불붓는 文字도 없어
모둥이마다
慈愛로운 헌 瓦斯燈에
불을 혀놓고,

손목을 잡으면
다들, 어진 사람들
다들, 어진 사람들

봄, 여름, 가을, 겨울,

순서로 돌아 들고,

一九四一

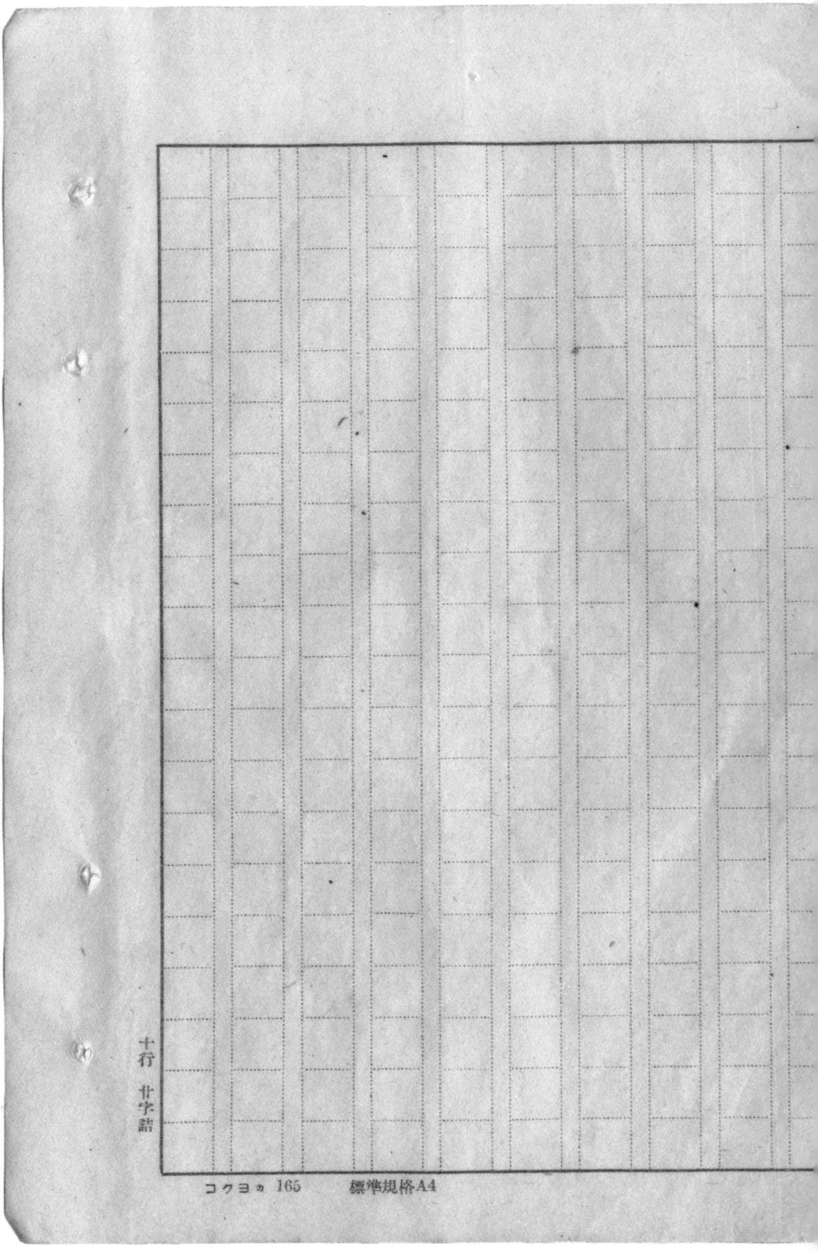
十行 廿字詰

コクヨ カ 165 標準規格A4

太初의 아츰

봄날 아츰도 아니고
여름, 가을, 겨울,
그런날 아츰도 아닌 아츰에

빨―간 꽃이 피여낫네,
해ㅅ빛이 푸른데,

그 前날 밤

그 前날 밤에

모든 것이 마련되엿네,

사랑은 뺨과 함께

靑春은 어린 꽃과 함께

또 太初의 아츰

하얗게 눈이 덮이었고
電信柱가 잉잉 울어
하나님 말씀이 들려온다.

무슨 啓示일가.

봄이 오면
罪를 짓고
눈이
밝어

이브가 解産하는 수고를 다하면

無花果 잎사귀로 부끄런데를 가리고

나는 이마에 땀을 흘려야겠다.

1941, 5, 31.

새벽이 올때까지

다들 죽어가는 사람들에게
검은 옷을 입히시오.

다들 살어가는 사람들에게
흰 옷을 입히시오.

다들 울거들랑
젖을 먹이시요

이제 새벽이 오면
나팔소리 들려 올게외다.

一九四六、冬、

十行 廿字詰

コクヨ 165 標準規格A4

무서운 時間

거 나를 부르는것이 누구요,

가랑닢 입파리 푸르러 나오는 그늘인데,
나 아직 여기 呼吸이 남어 있소.

한번도 손들어 보지못한 나를

어디에 내 한몸둘 하늘이 있어

나를 부르는 것이오.

일이 마치고 내 죽는날 아침에는

서럽지도 않은 가랑닢이 떠러질텐데……

나를 부르지 마오.

一九四一. 二. 七

35

コクヨ 165 標準規格A4

十行 廿字詰

十字架

쫓아오든 햇빛인데
지금 敎會堂 꼭대기
十字架에 걸리였습니다.

尖塔이 저렇게도 높은데
어떻게 올라갈 수 있을가요.

37

휘파람이나 불며
서성거리다가、

괴로왔든 사나이、
幸福한 예수·그리스도에게
처럼
十字架가 許諾된다면

목아지를 드리우고
꽃처럼 피여나는 피를

어두어가는 하늘 밑에
조용이 흘리겠읍니다.

一九四一、五、三一、

十行 廿字詰

コクヨ◎ 165 標準規格A4

바람이 불어

바람이 어디로부터 불어와
어디로 불려가는 것일가,

바람이 부는데
내 괴로움에는 理由가 없다.

단 한 女子를 사랑한 일도 없다。
時代를 슬퍼한 일도 없다。

바람이 자꾸 부는데
내 발이 반석우에 섯다。

강물이 자꾸 흐르는데
내 발이 언덕우에 섯다。

一九四一. 六. 二

슬픈族屬

흰 수건이 검은 머리를 두르고
흰 고무신이 거츤발에 걸리우다.

흰 저고리 치마가 슬픈 몸집을 가리고
흰 띠가 가는 허리를 질끈 동이다.

一九三八, 九,

十行 廿字詰

コクヨ ◎ 165　標準規格A4

눈감고 간다

太陽을 사모하는 아이들아
별을 사랑하는 아이들아

밤이 어두었는데
눈감고 가거라.

뿌리면서 가거라

발뿌리에 돌이 채이거든

감었든 눈을 왓작떠라.

一九四一、五、三一、

45

十行 廿字詰

또다른 故鄕

故鄕에 돌아온날 밤에
내 白骨이 따라와 한방에 누었다.

어둔 房은 宇宙로 通하고
하늘에선가 소리처럼 바람이 불어온다.

白骨을 들여다 보며
눈물 짓는 것이 내가 우는 것이냐
白骨이 우는 것이냐
아름다운 魂이 우는 것이냐

志操 높은 개는
밤을 새워 어둠을 짖는다.

어둠을 짖는 개는
나를 쫓는 것일게다.

十行 廿字詰

コクヨ 165 標準規格A4

가자 가자
쫓기우는 사람처럼 가자
白骨몰래
아름다운 또 다른 故鄕에 가자.

一九四一. 九.

十行 廿字詰

コクヨ◎ 165 標準規格A4

길

잃어 버렸습니다.
무얼 어디다 잃었는지 몰라
두 손이 주머니를 더듬어
길에 나아갑니다.

돌과 돌과 돌이 끝없이 연달어

담은 쇠문을 굳게 닫어
길우에 긴 그림자를 드리우고

길은 아츰에서 저녁으로
저녁에서 아츰으로 통했습니다.

돌담을 더듬어 눈물 짓다
쳐다보면 하늘은 부끄럽게 푸릅니다.

十行 廿字詰

コクヨ 165 標準規格A4

풀 한포기 없는 이길을 걷는것은

담저쪽에 내가 남어 있는 까닭이고,

내가 사는 것은, 다만,

잃은 것을 찾는 까닭입니다。

一九四一、九、三一、

十行 廿字詰

コクヨ 165　標準規格A4

별헤는밤

季節이 지나가는 하늘에는
가을로 가득 차있습니다.

나는 아무 걱정도 없이
가을속의 별들을 다 헤일듯합니다.

쉬이 아츰이 오는 까닭이오,
來日밤이 남은 까닭이오,
아직 나의 靑春이 다하지 않은 까닭입니다.

별 하나에 追憶과
별 하나에 사랑과
별 하나에 쓸쓸함과
별 하나에 憧憬과

별 하나에 詩와
별 하나에 어머니, 어머니,

어머님, 나는 별 하나에 아름다운 말
한마디식 불러봅니다. 小學校때 冊床을
같이 했든 아이들의 일홈과, 佩, 鏡, 玉
이런 異國少女들의 일홈과 벌서 애기
어머니 된 계집애들의 일홈과, 가난한
이웃사람들의 일홈과, 비둘기, 강아지, 토

[illegible]

니다.

이네들은 너무나 멀리 있습니다.

별이 아슬히 멀듯이,

어머님,

그리고 당신은 멀리 北間島에 계십니다.

나는 무엇인지 그리워

57

十行 廿字詰

이 많은 별빛이 나린 언덕우에

내 일홈자를 써보고,

흙으로 덮어 버리엿습니다.

따는 밤을 새워 우는 버레는

부끄러운 일홈을 슬퍼하는 까닭입니다.

(五四、十一、五.)

그러나 겨울이 지나고 나의 별에도 봄이 오면

무덤우에 파란 잔디가 피여나듯이

59

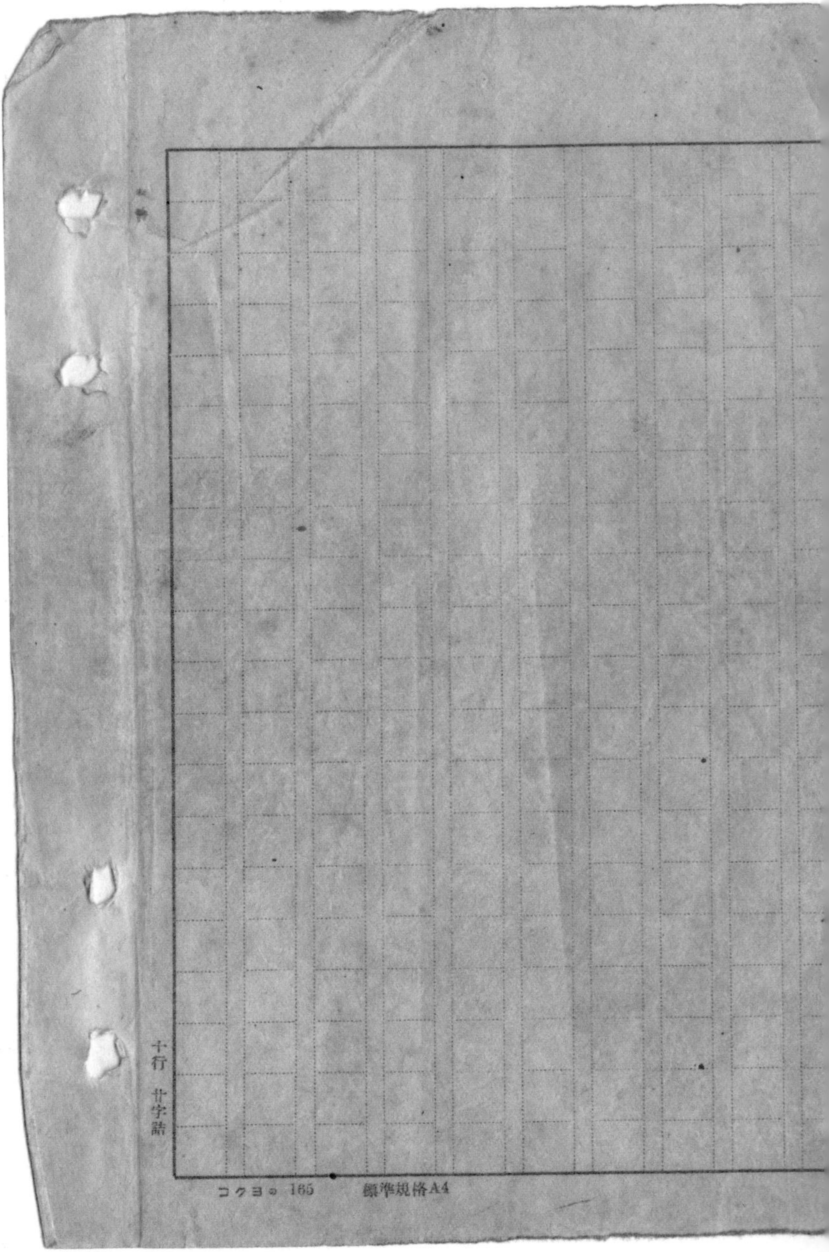

달을 쏘다

번거롭던 四圍가 잠잠해지고 時計소리가 또렷하니 보니 밤은 저으기 깊을대로 깊은 모양이다. 보든 冊子를 冊床머리에 미러놓고 잠자리를 수습한다음 잠옷을 걸치는 것이다. 딱 스위치소리와 함께 電燈을 끄고 窓역의 寢臺에 드러누으니

60

恩澤이었을가。

나의 陋醜한 房이 달빛에 잠겨 아름다운 그림이 된다는 것보담도 오히려 슬픈 船艙이 되는 것이다。 창살이 이마로부터 코마루、 입술 이렇게 하야 가슴에 여맨 손등에까지 어른거려 나의 마음을 간지리는 것이다。 여폐누운 분의 숨소리에 房은 무서무시해 진다。 아이처럼 황황해지는 가슴에 눈을 · 치떠서 빡금내다보니

가을하늘은 역시 맑고 우거진 松林은 한폭의 墨畵다. 늘빼촌 솔가지에 솔가지에 쏘다저 빠람인양 솨ㅡ소리가 날듯하다. 들리는것은 蟋蟀소리와 숨소리와 저 또리롤음뿐 벅적고던 寒露舍도 절깐보다 더한층 고요한것이 아니냐?

나는 깊은 思念에 잠기우기한창이다.

또은 사랑스런 아가씨를 私有할수있는 아름다운 想華도 좋고, 어린적 未練을

다。

빠다를 건너온 H君의 편지사연을 끝곰생각할수록 사람과사람사이의 感情이란微妙한것이다。感傷的인 그에게도 小兒교가을는 왔나부다。

편지는 너무나 지나치지 않었든가 그中한호막,

H君아! 나는 지금 울며울며 이글을산다。 이밤도 달이뜨고、바람이 불고、

人間인까닭에 가을이란 흙냄새도. 안다。

情의 눈물 따뜻한 藝術學徒였던 情의 눈물도 이밤이 마지막이다。

또 마지막 편으로 이런 句節이 있다。

당신은 나를 永遠히 쫓차버리는 것이 고直할것이요。

나는 이글의 뉴안스를 解得할수 있다。

그러나 事實나는 그에게 애톤 소리한마디 한일이 없고 설혼글 한쪽 보낸일이 없지

紅顔書生으로 이런 斷案을 나리는 것은 외람한 일이나 동무란 한낫 괴로운 存在요 友情이란 진정코 위트럽은 잔이 떠노흔 물이다。 이말을 反對할者 누구랴。 그러나 知己하나 얻기 힘든다하거늘 알뜰한 동무하나 일허버린다는것이 살을베여내는 아픔이다。

나는 나를 庭園에서 發見하고 窓을 넘어 나왓다든가 房門을 열고 나왓다든

가 웨 나왔느냐하는 어리석은 생각에 頭腦를 괴롭게할 必要는 없는것이엿。 다만 귀뜨람이·울음에도 수집어지는 코스모스 안도에 그윽히서서 딱터뻘렁산의 銅像그림자처럼 슬되지면 그만이다。 나는 이마음을 아무에게나 轉嫁식힐 심보는 없다。 옷깃은 欽感이여서 달배체도 싸늘히 추어지고 가을 이슬에란 선두선두하여서 설흔 사나이의 눈물인 것이다。

있고 나무가 있고, 달이 있다.

그 刹那가 물이 怨望스럽고 달이 미워진다. 더듬어 돌을 찾어 달을 向하야 죽어라고 팔매질을 하였다. 痛快! 달은 散散히 부서지고 말었다. 그러나 놀랐든 물결이 자저들때 오래잔허 달은 도로 살아난것이 아니냐, 문득 하늘을 처다보니 얄미운 달은 머리우에서 빈정대는 것을 ―

나는 곳곳한 나무가를 꼬나 떼를 재서 줄을메워 훌룡한 활을 만들엇다。 그리고 좀탄탄한 갈대로 활살을 삼아 武士의 마음을 먹고 달을 쏘다。

―끝―

一九五八年十月 投稿

一九五九年一月 朝鮮日報

學生欄 發表

十行 廿字詰

コクヨ◎ 165

별똥 떨어진 데

밤이다.

하늘은 푸르다 못해 濃灰色으로 캄캄하나 별들만은 또렷또렷 빛난다. 침침한 어둠뿐만 아니라 오삭오삭 춥다. 이 육중한 氣流가운데 自嘲하는 한 젊은이가 있다. 그를 나라고 불러두자.

그대로 生存하나 보다。 이제 내가 갈곳이 어딘지 몰라 허우적거리는 것이다。 하기는 나는 世紀의 焦点인듯 憔悴하다。 벌판 생각커기에는 내바닥을 반듯이 받들어 주는 것도 없고 그렇다고 내머리를 갑빡이 나려 누르는 아모것도 없는듯하다. 만는 內幕은 그리치도 않다。 나는 도무 自由스럽지 못하다。 다만 나는 없는듯 있는 하로사리처럼 虛空에

浮遊하는 한 点에 지나지 않는다. 이것이 하로사리처럼 輕快하다면 마침 多幸할 것인데 그렇지를 못하구나!

이 点의 對稱位置에 또 하나 다른 밝음(明)의 焦点이 도사리고 있는듯 생각킨다. 덥석 웅키었으면 잡힐듯도 하다.

만은 그것을 휘잡기에는 나 自身이 鈍質이라는 것보다 오히려 내 마음에 아무런 準備도 배포치 못한 것이 아니냐.

러 들이기에도 또다른 한가닥 구실을 치르지 않으면 안될가 보다.

이밤이 나에게있어 어떤적처럼 하냥 恐怖의 장막인것은 벌서 흘러간 傳說이오. 따라서 이밤이 享樂의 도가니라는 이야기도 나의 念頭에선 아직 消化식히지 못할 돌덩이다. 오로지 밤은 나의 挑戰의 好敵이면 그만이다.

이것이 생생한 觀念世界에만 머므른다면 애석한 일이다. 어둠속에 깜박깜박

⑨

조을며 다닥다닥 나란히한 草家들이 아름다운 詩의 華詞가 될수 있다는 것은 벌서 지나간 제네레슌의 이야기요, 오늘에 있어서는 다만 말못하는 悲劇의 背景이다.

이제 닭이 홰를 치면서 맵짠 울음을 뽑아 밤을 쫓고 어둠을 즞내몰아 동켠으로 휘—ㄴ이 새벽이란 새로운 손님을 불러온다 하자. 하나 輕妄스럽게 그리

이 [illegible]다 하더라도 이 마을은 그대로 暗

澹하고 나도 그대로 暗澹하고 對하여서 너나 나나 이 가랑지길에서 躊躇躊躇 아니치 못할 存在들이 아니냐。

나무가 있다。

그는 나의 오란 리웃이오, 벗이다。 그럴 [illegible]고 그와 내가 性格이나 環境이나 生活이 共通한데 있어서가 아니다。 말하자면 極端과 極端사이에도 愛情이 貫通할 수 있다는 實蹟的인 交合의 한 標本에 지

나지 못할것이다.

나는 처음 그를 떡 不幸한 存在로 가소롭게 여겼다. 그의 앞에 설때 슬퍼지고 惻隱한 마음이 앞을 가리군 하였다. 만은 오늘도리켜 생각건대 나무처럼 幸福한 生物는 다시 없을듯 하다. 굳음에는 이우 비길데 없는 바위에도 그리 탐탁치는 못할망정 滋養分이 있다 하거늘 어디로 간들 生의 뿌리를 박지

오고, 심심하면 새가 와서 노래를 부르
다 가고, 졸졸하면 한줄기 비가 오고,
밤이면 數많은 별들과 오손도손 이야기
할수있고 —— 보다 나무는 行動의 方向이
란 거치장스런 課題에 逢着하지 않고
人爲的으로든 偶然으로서든 誕生식혀준
자리를 직혀 無盡無窮한 營養素를 吸取
하고 玲瓏한 햇빛을 받아드려 손쉽게
生活을 營爲하고 오로지 하늘만 바라고

빼더질수 있는 것이 무엇보다 幸福스럽지 않으냐.

이 밤도 詩思를 돌지 못하야 안타까운 나의 마음에 나무의 마음이 漸漸 놀마오는듯하고, 行動할수 없는 까랑을 자랑치 못함에 빼저리는 듯 하나 나의 젊은 先輩의 雄辯이 曰 先輩도 믿지 못할것이라니 그러면 怜悧한 나무에게 나의 方向을 물어야 할것인가.

아라! 저별이 번쩍 흐른다. 별똥 떨어진
데가 내가 갈곳인가 보다. 하면 별똥아
! 꼭 떨어저야 할곳에 떨어저야 한다.

花園에 꽃이 핀다

개나리, 진달레, 안즌뱅이, 라일락
문들레 찔레 복사 들쨍미 해당화 모란
릴락 창포 추립 카네숀 봉선화 백일홍
채송화 따리아 해바라기 코쓰모쓰 ―
코쓰모쓰가 홀홀히 떠러지는 宇宙의 마
조막은 아닙니다, 여기에 푸른하늘이 놉하

함께 단풍의 세계가 문허지고. 그우에 하로밤 사이에 소복이 흰눈이 나려 쌓이고 火爐에는 빨간 숯불이 피어오르고 많은 이야기와 많은 일이 이화로가에서 일우어집니다.

讀者諸賢! 여러분은 이글이 씨워지는 때를 推定한 季節을 짐작해서는 아니됩니다. 봄, 여름, 가을, 겨울, 어느 철로나 推定하셔도 無妨합니다. 사실 一年

내내 봄일 수는 없습니다. 하나 이 花園에는 사철내 봄이 싱싱하게 등대하여 있다고 하면 自己宣傳일가요. 때는 이 拙文을 지적거리는 데도 내머리는 그렇게 明晳한 것이 못됩니다. 한해 동안을 내 頭腦로서가 아니라 몸으로서 일일히 헤아려 몇줄의 글이 일우어집니다. 나에게 있어 봄바람의 苦悶에 짜들고, 綠陰의 倦怠에 시들고, 가을하늘 感傷에 울고, 爐邊의

꽃밭이 이루도록 숙명한 고생이있다。
溫情의 거리에서 원수를 만나며 손목을 본

시간을 먹는 아이 말외 …는 칠판

발에서 보신 분 않어 본 분은 누구나

아실 것입니다) 그것은 確實히 즐거운 일임

에는, 틀림없읍니다. 가르를 休講한다는 것보

다. 다못 한시간, 宿題를 못해왔다든가.

또 분하고 졸리고 한때. 한시간의 休講은 진실로

살로 가는 것이에서, 萬一 敎授가 不便하

새에서 못 났오 섰다고 해 떠라도 미 허우리들의

禮儀를 가 출시키 가 없는 것입니다.

83

그러나 이것을 消費라고 해서서 아
니 됩니다. 여기에 花園이 있습니다.
한포기 꽃과 함께 웃을 수 있습니다. 노ー
트장을 적시는 것보다 中에는 標미 무처
흙좋과 씨름하는 것보다 더 眞理를
探求할수 있는 읽는 편지 보다 더 많은 知識을 獲得
할수 있을리 보다 더 效果的인 成果가 있을
지를 [illegible]하겠습니까.
나는 이 貴한 時間을 슬그머니 동무들

85

다. 단 혼자 꽃들과 풀들과 이야기 할 수 있다는 것이 얼마나 幸福한 일이겠습니까. 참말 나는 溫情으로 이들을 대할 수 있고 그들은 우슴으로 나를 맞어줍니다. 그 우슴을 눈물로 變한다는 것은 나의 感傷일 가요, 孤獨, 精寂도 確實히 아름다운 것임에 틀림이 없으나. 예리에 또 세로마음을 주는 동무가 없는 것도 幸福한 일이 아닐 수 없습니다. 우리 花園속에 모인, 동무들 중에, 집에 繪畫를 請求하는

되지를 쓰는 밤저녁이면 생각하였고 생각하든줄 끼우 몇줄 써보낸다는 A君, 갑버허야할 書留(通絲月給封套)를 받어든 손이 떨린다는 B君, 사랑을 爲하여서는 밥맛, 잠을 잃고 젊음을 이저버린다는 C君, 思想的 擡疑에 自殺을 期約한다는 D君…!

나는 이여러동무들의 가득한 心情을 내것인것처럼 理解할 수 있습니다. 서로 너그러운 마음으로 同情할 수 있습니다.

보다 바람과 구름과 햇빛과 나무와
友情, 이런 것들에 더 많이 괴로워해 왔는
지도 모르겠습니다. 단지 이 말이 나의
이오. 나는 自身을 가르우는데 지난날뿐일까요. 흐리운다.
一般은 現代 學生道德이 腐敗했다고 말
합니다. 스승을 섬길 줄을 모른다고들 함
니다. 옳은 말씀들입니다. 부끄러울 따름
입니다. 하나 이 결함을 괴로워하는 우리
들 역꺼이 지워 時弊를 내쫓아 버려야
하겠음, 우리들의 아픈데를 알어주는 스승,

우리들의 여생 재기를 어루만져주는 따뜻한 世界가 있다면 박해된 道德일지언정 기우려 스승을 眞心으로 尊敬하겠읍니다. 溫情의 거리에서 원수를 맺나면 손목을 붓잡고 목노아 울겠읍니다.

世上은 해를 거듭. 喊聲에 떠들썩하것만 족히 조용한 가운데 우리들 동산에서 서로 復習할 수 있고 理解할 수 있고. 徒弟의 가는 것은 時勢의 逆效果일까요.

남니다. 단 물이 世界가 있고, 一履霜而堅氷
至一 서리를 밟거든 어름이 곧이질 것을
각오하라. 하가 아니라. 우리는 서리발에게
천落葉을 밟으면서 멀리 봄이 올 것을
믿습니다.
燭邊에서 많는 일이, 일우어질 것 임니다.

핀슨관(1936) © 연세대학교 박물관
Pinson Hall (1936) © Yonsei University Museum

연세대학교에 기증된 윤동주 유품 ©김경태 Possessions of Yoon Dongju donated to Yonsei University ©Kim Kyoungtae